AF460840

PANÉGYRIQUE

DU

BIENHEUREUX J.-B. DE LA SALLE

PRONONCÉ

DANS LA CHAPELLE DES FRÈRES, A POITIERS

LE 15 JUIN 1888

PAR

M. L'ABBÉ BLEAU

AUMONIER DU LYCÉE DE POITIERS.

POITIERS

TYPOGRAPHIE OUDIN

4, RUE DE L'ÉPERON, 4

1888

PANÉGYRIQUE

DU

BIENHEUREUX J.-B. DE LA SALLE

POITIERS. — TYPOGRAPHIE OUDIN.

PANÉGYRIQUE

DU

BIENHEUREUX J.-B. DE LA SALLE

PRONONCÉ

DANS LA CHAPELLE DES FRÈRES, A POITIERS

LE 15 JUIN 1888

PAR

M. L'ABBÉ BLEAU

AUMONIER DU LYCÉE DE POITIERS.

POITIERS

TYPOGRAPHIE OUDIN

4, RUE DE L'ÉPERON, 4

1888

PANÉGYRIQUE

DU

BIENHEUREUX J.-B. DE LA SALLE

Adveniat regnum tuum.
(*Paroles de l'Or. Dom.*)

Mes très honorés frères et mes chers enfants,

Notre-Seigneur, en mettant ces paroles sur les lèvres de ses disciples, a voulu caractériser du même coup l'objet de sa mission sur la terre et l'objet de la mission que les apôtres devaient également accomplir après lui, en s'inspirant du même esprit et de la même pensée.

Etablir, en effet, le règne de Dieu sur la terre, renverser l'empire presque universel de l'erreur, du mensonge, de l'ignorance et du mal, et faire régner à la place la connaissance et l'amour de Dieu, faire régner Dieu tout à la fois dans les intelligences, dans les cœurs, dans les sociétés, et procurer ainsi le bonheur et le salut des individus comme des peuples : tel a été le grand but pour lequel Notre-Seigneur est venu en ce monde.

Or, à cette grande œuvre, à laquelle il consacra lui-même les trois années de sa vie publique, Notre-Seigneur daigna associer des hommes spécialement choisis qu'il anima de son zèle, et qu'il créa ses mandataires et ses ambassadeurs officiels, en leur disant : « Comme mon Père m'a envoyé, ainsi moi je vous envoie! Allez donc et enseignez tous les peuples! et voici que je demeure avec vous, tous les jours, jusqu'à la consommation des siècles!.... »

Et, en vertu de cette délégation divine, les Apôtres s'en sont allés vers tous les horizons de la terre et vers tous les vents du ciel, annonçant partout la bonne nouvelle, prêchant la parole sainte et travaillant à fonder le royaume de Dieu. Et quand les premiers ouvriers de l'Evangile, succombant à la fatigue ou au martyre, se furent couchés dans la tombe, d'autres se sont levés après eux, qui poursuivirent avec la même ardeur l'œuvre commencée. Et c'est ainsi que le royaume de Dieu s'est étendu pacifiquement, d'âge en âge et de peuple à peuple, jusqu'aux contrées les plus reculées derrière les chaînes de montagnes ou les abîmes de l'Océan, et que les siècles se sont succédé, sans que la grande œuvre de l'évangélisation ait été un seul instant interrompue, depuis Jésus-Christ jusqu'à nos jours, pas plus qu'elle ne le sera depuis le temps présent jusqu'aux époques les plus lointaines de l'avenir.

Or, entre tous les bons ouvriers qui ont travaillé à cette œuvre de la civilisation chrétienne et de l'extension du règne de Dieu sur la terre, il en est un que l'Eglise, par l'organe autorisé du grand Pontife Léon XIII, vient de signaler à notre reconnaissance, à notre vénération et à nos hommages : c'est celui que la France catholique et l'univers chrétien salueront désormais sous le nom illustre et béni du Bienheureux Jean-Baptiste de la Salle.

Déjà, sur plusieurs points du monde religieux, mais, en particulier, dans les principaux centres du territoire français, Paris, Lyon, Bordeaux, Nantes, Lille, Rouen, Niort, etc., des paroles éloquentes et des fêtes splendides ont fait écho à la parole de gloire proférée au Vatican. Or, Poitiers, qui s'honore de posséder dans ses murs un des meilleurs établissements dirigés par les fils du Bienheureux de la Salle, pouvait-il rester étranger à ces légitimes manifestations de triomphe et d'enthousiasme? Assurément non : et voilà pourquoi nous avons commencé aujourd'hui dans cette chapelle l'exécution d'un brillant programme de fêtes, fêtes d'harmonie et fêtes d'éloquence, qui rendront à la mémoire du Bienheureux un juste tribut de vénération et de piété filiale.

Chargé, par une bienveillante invitation dont j'apprécie tout l'honneur, de porter la parole au début de ce Triduum triomphal, je me propose de vous montrer dans la personne du Bienheureux Jean-Baptiste de la Salle un des plus fidèles et des plus dévoués continuateurs de la divine mission que le Christ Sauveur est venu accomplir sur la terre : la mission de fonder et de répandre le règne de Dieu. Oui, à l'exemple de Jésus-Christ, fonder et répandre ici-bas le règne de Dieu dans tous les domaines qui doivent légitimement lui appartenir, savoir : dans les intelligences par le moyen de l'instruction, dans les cœurs par le moyen de l'éducation, et dans la société par la formation d'un peuple foncièrement honnête et chrétien : telle est la grande et belle œuvre à laquelle

Jean-Baptiste de la Salle consacra sa noble et sainte vie.

Sa vie, elle est comprise entre ces deux dates extrêmes : 1651, date de sa naissance, et 1719, date de son dernier sommeil ; soit, en d'autres termes, une période de 68 ans de labeur et d'activité. Quand j'aurai cité maintenant les trois noms de Reims, Paris et Rouen, vous connaîtrez à peu près tout le cadre géographique dans lequel sa vie s'est agitée. Reims, où il naquit à l'ombre de la vieille et majestueuse cathédrale ; Reims, la cité de nos plus antiques et de nos plus chers souvenirs nationaux, la cité qui fut, au lendemain de Tolbiac, le berceau de la monarchie française et de la Gaule chrétienne, la cité qui fut aussi, au temps de Charles VII et de Jeanne d'Arc, le berceau de la résurrection de la patrie ; la cité enfin, qui depuis Clovis jusqu'à Charles X eut la gloire de donner l'onction sacrée aux chefs du peuple franc. Puis Paris, où le jeune Rémois vint achever son noviciat ecclésiastique et sa préparation au sacerdoce dans les murs du séminaire de Saint-Sulpice, déjà si renommé par sa piété et par sa science, et toujours digne, depuis lors, de son éminente réputation ; Paris, où reviendra plus tard Jean-Baptiste de la Salle, devenu prêtre et chanoine, pour implanter au cœur même de la France ses premières fondations, imitant en cela la tactique hardie de tous les conquérants supérieurs qui, voulant s'emparer d'un pays, marchent droit à la capitale. Et enfin, Rouen, où s'éteignit cette vie si laborieuse ; Rouen, la cité qui, à l'une des époques les plus douloureuses et les plus amères de notre histoire, vit dresser sur une de ses places le bûcher de la vierge-martyre. Etrange et singulière destinée que celle de cet homme de bien qui, après avoir vu le jour dans la cité où

Jeanne d'Arc passa triomphante, vint mourir dans la cité où mourut aussi la brave jeune fille : de telle sorte que le souvenir glorieux de l'héroïque pucelle plane à la fois sur son berceau et sur son tombeau. Et par un rapprochement digne de remarque, sur les places publiques de la vieille capitale de Normandie, on voit de nos jours s'élever deux statues : l'une dressée par le repentir, l'au tre dressée par la reconnaissance ; l'une dressée en l'hon neur de la vaillante libératrice de la patrie française, l'autre dressée en l'honneur de celui que je me permettrai d'appeler le généreux libérateur de la jeunesse française et chrétienne.

Jean-Baptiste de la Salle, je vous le disais tout à l'heure, vint au monde, en 1651, à peine neuf années avant la mort de ce grand serviteur de Dieu, de l'Eglise, de la France et des pauvres, qui se nomme saint Vincent de Paul, et à côté duquel il devait plus tard tracer son sillon, sinon dans la même voie, du moins dans le même champ, dans le champ du dévouement religieux à la cause des enfants pauvres. Seulement, tandis que saint Vincent de Paul s'occupa plutôt de soulager la pauvreté matérielle des enfants, Jean-Baptiste de la Salle s'occupa surtout de soulager leur pauvreté intellectuelle et morale, et ainsi ils tracèrent l'un et l'autre dans le champ de la charité un sillon non pas identique, mais parallèle.

De bonne heure, et grâce à l'influence de l'éducation domestique toujours si déterminante et si efficace en toute matière, et par là même si éminemment importante, le jeune Jean-Baptiste se sentit invinciblement attiré vers le sanctuaire et les choses de Dieu. De bonne heure, il se sentit frappé au cœur de cette divine blessure qui

*

s'appelle la vocation, blessure à la fois pleine de douceur et de souffrance, blessure inguérissable dont le trait profond et acéré pénètre jusqu'aux plus intimes divisions de l'âme humaine, ou plutôt, blessure dont on guérit, mais par un seul moyen : en l'apaisant à force de dévouement, d'immolation, de sacrifice et d'amour de Dieu.

Jean-Baptiste de la Salle, âme généreuse et docile, ne tenta point de résister, mais céda aussitôt et spontanément à ce trait, ou, si vous aimez mieux, à cet attrait vainqueur qui l'avait blessé. Malgré la situation avantageuse que sa naissance et sa fortune pouvaient lui faire dans le monde, il embrassa de préférence la vie ecclésiastique, puis devint successivement prêtre et chanoine de la basilique de Reims. Déjà, le chemin des honneurs était largement ouvert devant lui ; mais c'était là bien certainement la moindre de ses préoccupations. Le chanoine de la Salle était avant tout un prêtre humble et détaché de toute ambition personnelle, ne vivant que pour la gloire de Dieu et le salut des âmes.

Bien qu'il y ait dans l'Église des honneurs que l'Église elle-même a sanctionnés et dont elle a voulu faire la récompense du mérite, ces honneurs cependant ne laissent pas d'être dangereux pour la vertu sacerdotale, et d'exposer parfois une âme de prêtre à la vanité, à l'orgueil, à l'arrogance, à la suffisance, et à la dureté hautaine du caractère. Tel ne fut pas le chanoine de Reims : ce fut un chanoine doux et humble, pacifique et désintéressé, fuyant toujours l'esprit de contention, de discorde et d'orgueil.

Enfant du XVIIe siècle, il fut le contemporain des plus grands évêques ; mais tandis que Bossuet, Fénelon, Massillon, s'illustraient alors par leurs éloquentes prédications devant les rois et devant les plus hauts personnages de la cour, tandis que Bossuet consacrait son génie à l'éducation du Dauphin de France, tandis que Fénelon consacrait son talent et son cœur à celle du jeune duc de Bourgogne, tandis que Massillon consacrait sa parole littéraire et distinguée à celle du jeune prince qui devait être plus tard le roi Louis XV, Jean-Baptiste de la Salle se vouait tout entier à l'éducation des enfants du peuple, dont l'âme était, à ses yeux, aussi grande et aussi précieuse que celle des fils de roi, les unes et les autres étant égales devant Dieu et rachetées également par le sang de Jésus-Christ ; et voilà qu'en se vouant à ce ministère d'abnégation et d'humilité, il a conquis, sans la chercher, la plus grande de toutes les renommées ; il est parvenu, sans y prétendre, au plus haut degré de la gloire ; et tandis que ses illustres contemporains, éducateurs de princes et d'enfants royaux, n'ont été que de grands hommes, l'éducateur des enfants pauvres est devenu un grand saint, appelé aujourd'hui aux suprêmes honneurs de la béatification et de l'autel.

Encore que la société du XVIIe siècle fût une société généralement pénétrée de sentiments chrétiens, cependant le mal était grand parmi elle ; les classes populaires, livrées à la misère et à l'ignorance, étaient la proie de bien des vices et de bien des maux. Ce fut alors que Jean-Baptiste de la Salle, jetant les yeux sur cette société dont l'éclat extérieur couvrait tant de souffrances et tant de plaies cachées, laissa, en quelque sorte, échapper de son cœur le beau cri de pitié que Jésus fit entendre un jour sur la foule affamée qui le suivait: *Misereor super turbam :* « J'ai compassion de tout ce peuple ! » Et, comprenant que pour travailler efficacement à la régénération d'un peuple, c'est par les jeunes générations qu'il faut commencer, comme c'est au pied de l'arbre qui languit, comme c'est à la racine de la plante qui s'étiole qu'il faut porter la fraîcheur de l'eau, c'est de l'enfance avant tout qu'il prend soin. Inspiration magnanime, et, de plus, inspiration de génie !...

Aussitôt donc, il se met à l'œuvre, il groupe autour de lui quelques cœurs généreux et dévoués comme le sien ; bientôt ces quelques recrues deviennent légion, il les organise et en fait un corps d'armée sous le nom si touchant et si sympathique de Frères des Ecoles chrétiennes, il se met bravement à leur tête, il les conduit à l'assaut de la vieille bastille de l'ignorance, il lutte avec eux contre les difficultés, les oppositions, les épreuves, qui lui viennent de toutes parts, quelquefois même du côté où il devait les attendre le moins ; et pendant que Louis XIV ne songe qu'à étendre la gloire de ses armes et les frontières de son royaume, soit du côté du Rhin, soit du côté des Pyrénées, Jean-Baptiste de la Salle, conquérant pacifique, ne songe, lui, qu'à étendre le royaume de Dieu dans les esprits et dans les cœurs, non par les armes de la contrainte et de la violence, mais par les armes de l'enseignement et de la charité, les seules légitimes et les seules d'ailleurs vraiment victorieuses. *Adveniat regnum tuum :* « Seigneur, que votre règne arrive ! » Voilà sa devise.

D'abord, pour étendre le règne de Dieu dans les esprits, le bon chanoine de Reims établit une Congrégation enseignante, et fonde dans les centres les plus populeux des écoles d'enseignement primaire, où les enfants de toute classe, mais surtout les enfants du peuple, viendront apprendre les premiers éléments des connaissances humaines, lecture et écriture, grammaire et calcul, histoire et géographie.

A la vérité, l'enseignement des lettres et des sciences purement humaines et profanes n'est pas l'objet direct de la mission que le Christ a confiée à ses apôtres. Toutefois, depuis le commencement de l'ère chrétienne, l'Eglise n'a jamais cessé de considérer et de revendiquer cet enseignement, comme l'une de ses plus chères et de ses plus nobles attributions : pourquoi ? parce qu'elle sait bien que toute ignorance est une pauvreté, que toute pauvreté est une faiblesse, que toute faiblesse est un danger ; et comme l'Eglise a pour mission d'améliorer l'humanité et de la prémunir contre les maux qui la menacent, jamais elle n'a cessé de combattre l'ignorance sous toutes ses formes.

Aussi, ouvrez l'histoire, et voyez-la à l'œuvre ! A peine est-elle sortie des catacombes, à peine a-t-elle obtenu de la justice des empereurs, après trois siècles de persécution, sa place légitime au soleil de la liberté, qu'aussitôt, en même temps qu'elle bâtit des temples chrétiens, elle élève, à côté, des écoles où sont enseignées tout ensemble les lettres sacrées et profanes ; et quand, sur la fin du IVe siècle, Julien l'Apostat voudra persécuter l'Eglise avec une perfidie pire que la violence, devançant les sectaires de tous les âges, il ne trouvera rien de mieux que de décréter arbitrairement la fermeture des écoles ecclésiastiques et l'obstruction de l'enseignement chrétien. Mais l'Eglise triomphe de cette persécution astucieuse, comme elle avait triomphé des précédentes, et quand le Galiléen eut renversé Julien dans la tombe, elle reprit courageusement son œuvre momentanément interrompue.

Le Ve siècle arrive amenant avec lui les invasions des

barbares. L'Eglise leur oppose ses évêques et ses moines : ses évêques qui civilisent les barbares en les baptisant et en les instruisant ; ses moines, qui arrachent à leurs dévastations inintelligentes, les chefs-d'œuvre de la littérature antique, qui conservent, ces chefs-d'œuvre en les enveloppant pour ainsi dire sous les plis de leur manteau, comme une mère, au moment dudanger, enveloppe sous les plis de sa robe le cher et timide enfant qu'elle veut soustraire au carnage ; qui les immortalisent par le patient labeur de l'écriture,et qui les gardent à l'ombre de leurs cloîtres pendant les mauvais jours de la barbarie, pour les transmettre ensuite saufs et intacts à la postérité. Tel est l'éminent service que l'Eglise par ses évêques et par ses moines a rendu aux lettres humaines et à la civilisation, et dont la société moderne, il faut bien le dire, ne lui a pas toujours été suffisamment reconnaissante.

Au VIIIe siècle, les Gaules sont gouvernées par un grand empereur assisté d'un grand moine. Le grand empereur, c'est Charlemagne ; le grand moine, c'est Alcuin.

Par leurs soins simultanés, des écoles sont fondées, non seulement dans l'enceinte du palais impérial, mais encore dans les principales villes du territoire gallo-franc ; puis, pour compléter et parfaire ces sages mesures, sous le fils et successeur de Charlemagne, Louis le Débonnaire, un concile national s'assemble en 816 à Aix-la-Chapelle, et formule un décret qui rend obligatoire, pour tous les évêchés, les abbayes, les monastères et les chapitres, la création annexe d'établissements scolaires. Avec le temps ces premiers établissements d'instruction publique, ces écoles épiscopales ou canoniales, se développent et donnent naissance par la suite aux grandes universités et aux collèges du moyen âge, d'où sont sortis tant de docteurs, d'écrivains et de grands hommes ; et pendant que les seigneurs féodaux et chevaliers de cette époque belli queuse sont occupés à guerroyer entre eux, ou à frapper contre l'infidèle de grands coups d'estoc et de taille, seuls les hommes d'Eglise parlent, écrivent, enseignent, seuls ils cultivent et conservent à la société les sciences sacrées et profanes, les lettres divines et humaines.

Or, il s'est rencontré au xviie siècle un homme qui sembla incarner en sa personne ce rôle et cette tradition séculaires de l'Eglise ; un homme qui, plein de pitié pour les petits et pour les pauvres, prit à tâche de faire arriver les bienfaits de l'instruction jusqu'aux classes les plus humbles ; un homme qui fonda, en faveur de ces dernières, des écoles libres et gratuites, vraiment gratuites, celles-là, car elles n'étaient onéreuses, ni pour les contribuables, ni pour le budget de l'Etat, puisque toutes émanaient de la charité du clergé et des fidèles ; un homme enfin, qui créa, à côté des Universités d'enseignement supérieur, une sorte d'Université d'enseignement primaire. Cet homme, ce fut J.-B. de la Salle, et cette Université d'enseignement primaire, cette première école normale d'instituteurs français, ce fut la Congrégation des Frères des Ecoles chrétiennes. Oui, ce fut J.-B. de la Salle, qui le premier, dans les temps modernes, eut à cœur la multiplication des écoles et le recrutement normal des instituteurs de l'enfance ; et si notre époque contemporaine se glorifie de posséder des écoles primaires dans les moindres villages, bien que cette propagation ait eu lieu d'une manière un peu trop abusive et trop précipitée, et avec de trop grands frais, il est juste de reconnaître que l'initiative de ce mouvement, dans ce qu'il a de bon et d'utile, remonte à qui ? à l'intelligent et généreux chanoine de Reims, et que nos modernes pédagogues n'ont fait autre chose, après tout, que s'inspirer de son idée et marcher sur ses traces. Qu'ils le veuillent ou non : dans la sollicitude et dans l'extension apportées à l'œuvre de l'instruction populaire, ils ne sont que les plagiaires de J.-B. de la Salle.

Mais aussi, hâtons-nous de le dire, ce qui distingue essentiellement le B. de la Salle de nos pédagogues modernes, c'est qu'il n'a point séparé comme eux l'éducation de l'instruction ; non ! il n'a point séparé l'éducation qui forme et qui moralise le cœur, de l'instruction qui éclaire et qui développe l'esprit.

La noble nature de l'homme se compose, au physique, de deux organes principaux, la tête et le cœur, et par connexion, à ces deux organes correspondent deux facultés maîtresses : l'intelligence et la conscience. Or, de même que l'homme n'est un être complet que par l'union et par le développement simultané de la tête et du cœur, ainsi l'instruction ou le développement de l'intelligence, et l'éducation ou la formation du sens moral, doivent être, dans l'œuvre par excellence de la pédagogie, inséparablement unies l'une à l'autre. Si vous développez l'instruction seulement, au détriment de l'éducation, vous faites de l'enfant un être incomplet et mutilé, vous lui portez un préjudice inqualifiable, car vous outragez et méconnaissez sa noble nature, en même temps que vous outragez et méconnaissez l'économie providentielle de Dieu. Eh bien! laissez-moi vous le dire, sans vouloir, le moins du monde, vous manquer de respect, vous n'avez pas le droit d'en agir de la sorte; non! vous n'avez pas le droit de séparer ce que Dieu a uni : la tête et le cœur, l'intelligence et la conscience, l'instruction et l'éducation.

Sans doute, l'instruction en soi est chose excellente, puisqu'elle est une lumière pour l'esprit, et certes je ne viens pas ici la répudier et la maudire. Loin de là! D'ailleurs, si j'en avais eu la moindre velléité, j'aurais assurément bien mauvaise grâce à le faire dans un établissement comme celui-ci, qui n'est pas moins un foyer d'instruction qu'un sanctuaire de piété ; et puis, les succès obtenus chaque année par les élèves des Frères dans les examens et les concours publics , nous montrent assez que, s'il y a des ignorantins quelque part, ce n'est certainement pas où l'on veut bien le dire. C'est là une vieille calomnie usée, qui a fait son temps, et qu'il n'est plus permis de répéter aujourd'hui, sous peine de manquer publiquement de loyauté, de justice et de bon sens.

Oui, Messieurs, dirai-je à nos adversaires, nous sommes avec vous pour favoriser l'instruction et pour proclamer bien haut que les avantages de la science sont incontestables. Mais aussi, retournant dans un sens juste et vrai l'injurieuse parole d'un de nos plus fougueux détracteurs, je vous dirai : Eh ! que m'importe votre science, si vous m'apportez en même temps la peste? Oui, que m'importe votre instruction scientifique et littéraire , si vous la détournez de son véritable but, si vous vous en servez pour une œuvre anti-humaine , anti-sociale et anti-française : la destruction du Christianisme!...

Ah ! je sais bien ce que vous dites : Pour nous, la morale est tout ; quant à la foi religieuse, peu importe !... Eh bien! soit, je vous l'accorde pour un moment, la morale est tout; mais donnez-moi la racine et vous aurez les fruits; donnez-moi le pied de l'arbre, et vous aurez le feuillage et les branches; donnez-moi la foi chrétienne, et vous aurez de bonnes mœurs. Oui, la foi en Dieu et en Jésus-Christ, la foi en Dieu qui est mon témoin et qui sera mon juge, la foi en Jésus-Christ qui m'a aimé et qui est mort pour moi, voilà le meilleur fondement de la vie morale, de la vie vertueuse, de la vie honnête. Pas de fondement, pas d'édifice! pas de racine, pas de fruits! pas de foi religieuse : eh bien! alors, rien! rien que le vice, rien que le désordre, rien que l'horrible végétation du mal grandissant sur les ruines de la vertu.

Aussi, consultez, si vous le voulez, tous les maîtres les plus autorisés de la pédagogie, Montaigne, Locke, Fénelon, Rollin, Dupanloup; tous, ils vous disent que c'est l'éducation qui doit avoir partout et toujours le pas sur l'instruction. — « La science, dit l'un d'eux, n'entre point en âme malivole; et science sans conscience n'est que ruine de l'âme. » — « Je l'avoue, dit un autre, la lecture, l'écriture et l'instruction sont nécessaires, mais elles ne sont pas la principale affaire.... Il faut l'instruction, oui! mais au second rang, comme un moyen d'acquérir de plus grandes qualités. »

Voilà, au témoignage des grands écrivains, les vrais rapports qui doivent rattacher l'une à l'autre l'instruction et l'éducation.

Or, c'est ainsi que l'avait parfaitement compris le pieux chanoine de Reims, et jamais, assurément, il ne lui vint un seul instant à l'esprit, même le simple soupçon qu'on pouvait rompre, par un divorce si regrettable et si douloureux, cette alliance indissoluble que Dieu a établie entre la tête et le cœur de l'homme.

C'est pourquoi sa grande pensée fut celle-ci : non pas seulement de fonder des écoles, mais de fonder des écoles chrétiennes, des écoles d'où le nom de Dieu n'est pas proscrit, des écoles où l'on enseigne le culte du bien en même temps que le culte duvrai, des écoles où l'on forme la conscience en même temps que l'intelligence, des écoles où l'on élève les enfants en même temps qu'on les instruit, des écoles où la religion est la base de tout, des écoles enfin où l'on vénère et où l'on récite le catéchisme, ce beau petit livre qui renferme la plus haute de toutes les sciences et qui résout en termes clairs et précis les plus grands problèmes de la destinée humaine.

Voilà comment le Bienheureux de la Salle a contribué puissamment, par le système de l'instruction et de l'éducation inséparablement combinées, à répandre le règne de Dieu dans les esprits et dans les cœurs.

Puissent les hommes qui, depuis quelques années, se sont malheureusement écartés de ce sage système, reconnaître leur erreur si funeste aux intérêts de l'enfance, et revenir bientôt aux principes d'éducation préconisés et appliqués par le Bienheureux de la Salle, principes que commandent la vraie et saine raison, l'expérience des choses humaines, et la loi de Dieu.

Ce n'est pas tout. Jean-Baptiste de la Salle a répandu en outre le règne de Dieu dans la société; parmi les petits et les humbles, les délaissés et les pauvres; et par là, il a servi glorieusement, non-seulement les intérêts privés des âmes, mais encore les intérêts publics de la patrie française.

Rien n'est plus nécessaire, pour un pays, pour une société, que la connaissance et la pratique de la religion.

Un peuple ne vit pas seulement de commerce, d'industrie, de travail et de richesses, mais aussi de croyances et de vertus ; la vie sociale ne repose pas uniquement sur des combinaisons de chiffres , ni sur l'échange de denrées utilitaires ou de produits manufacturés, mais aussi et principalement sur le respect des droits de chacun et sur le sentiment des devoirs réciproques qui rapprochent les hommes, qui les unissent entre eux par les liens d'une commune fraternité, et qui font d'une multitude de membres un seul corps ou plutôt une seule famille.

Or, qui pourra fondre ainsi dans l'unité sociale, qui pourra contenir dans le devoir tant de volontés différentes les unes des autres, et souvent même opposées, hostiles ?

Pour expliquer comme pour former cet admirable accord, certains esprits ont imaginé le système de l'intérêt bien entendu, c'est-à-dire de l'intérêt que chacun trouve dans le bon fonctionnement de la machine sociale ; d'autres ont imaginé le système plus noble du point d'honneur. Je n'ai qu'un mot à dire de ces deux systèmes : c'est qu'ils n'offrent l'un et l'autre à la philosophie du devoir qu'une base bien incertaine et bien chancelante, qu'un fragile point d'appui qui sera renversé, comme tout ce qui est humain, au premier souffle des passions. Ah ! comment ne veut-on pas voir qu'il n'y a, pour maintenir une société dans l'ordre et dans la paix, qu'une seule base sûre et solide : la religion ou le respect des lois de Dieu, de Dieu qui est le fondement de la morale sociale comme de la morale individuelle, de Dieu qui est la clef de voûte et le ciment des sociétés, comme il en est l'architecte ? Une société sans Dieu, c'est une chose impossible, monstrueuse, qu'aucun temps n'a jamais vue, ou tout au moins que le soleil n'éclaira jamais, sans que les moindres tentatives de ce genre n'aient été suivies de malaises, de convulsions, de frissons mortels, avant-coureurs certains de la décadence. Voilà la grande leçon expérimentale, la grande leçon de choses que nous donne l'histoire.

« Chose admirable, a dit Montesquieu : la religion chrétienne, qui ne semble avoir d'objet que la félicité de l'autre vie, fait encore notre bonheur en celle-ci ! » Et longtemps avant Montesquieu, S. Paul avait dit, dans le même sens : « La religion est utile à tout : elle porte avec elle les promesses de la vie qui est, comme les promesses de la vie qui sera ; elle a le secret de la prospérité temporelle des peuples, comme elle a le secret du salut éternel des âmes. »

La société repose donc essentiellement, nécessairement sur Dieu ; et tout homme qui travaille à répandre parmi elle l'idée et le règne de Dieu, je le tiens pour un grand serviteur de la société et de la patrie.

Or tel a été incontestablement et à un degré supérieur J.-B. de la Salle. Oui, celui-là est un véritable ami du peuple, qui lui a sacrifié sans compter tous ses trésors, trésor de son patrimoine, trésor de son intelligence, trésor de son cœur, trésor de sa vie, trésor de son dévouement le plus absolu. Oui, celui-là est un grand serviteur de la société et de la patrie, qui en a raffermi les bases, en faisant pénétrer dans les couches les plus profondes la connaissance de Dieu et de la religion, en multipliant sur le sol de la France les écoles chrétiennes et populaires. Et si la France a pu traverser, sans périr, les jours les plus troublés de son histoire, les crises les plus sanglantes et les plus longues ; si, aujourd'hui encore, elle renferme dans son sein, à tous les degrés de l'échelle sociale, dans le peuple, dans la bourgeoisie, dans l'armée, dans le commerce, dans le monde de l'industrie et du travail, tant de braves chrétiens, tant d'honnêtes gens, tant de bons éléments, qui soutiennent vaillamment la lutte contre le mal ; si enfin l'âme de la France est toujours demeurée, en dépit de tout, foncièrement chrétienne, ah ! sans doute, c'est à ses évêques, à ses prêtres et à ses religieux de tous ordres qu'elle le doit ; mais aussi n'est-il pas juste de dire qu'elle le doit pour une bonne part à J.-B. de la Salle et à son vénérable Institut, à J.-B. de la Salle et aux chers Frères qui ont formé depuis deux siècles tant de générations de bons citoyens et de bons chrétiens ?

Tels sont les titres principaux qui recommandent le digne chanoine de Reims à la reconnaissance de tous les cœurs chrétiens et français.

Gloire donc au propagateur du règne de Dieu parmi nous, à l'apôtre des enfants du peuple, au fondateur des écoles chrétiennes, au prêtre dévoué, à l'homme de bien, que la France catholique salue aujourd'hui avec transport sous le nom du Bienheureux J.-B. de la Salle !

Et que dis-je ? ce n'est pas seulement la France, qui acclame ce nom béni, c'est l'Église tout entière, sur laquelle se sont étendus, comme les rameaux d'un grand arbre, les bienfaits de son œuvre ; c'est l'ancien et le nouveau monde, c'est l'Europe orientale, c'est l'Asie, c'est l'Afrique, c'est l'Amériqne, c'est Rome, c'est Constantinople et Smyrne, c'est Alger, c'est Québec, Philadelphie et New-York, qui s'unissent dans un concert universel, pour acclamer le continuateur de la sainte mission du

Christ, le bienfaiteur du genre humain, l'honneur de l'Eglise, et l'une des gloires les plus pures de la France.

Me sera-t-il permis maintenant, mes très honorés Frères, d'associer votre nom à celui de votre vénéré Fondateur? Et pourquoi ne le ferais-je pas ? n'êtes-vous pas sa postérité spirituelle ? et la gloire du père n'est-elle pas celle des enfants ?

Mais si les vertus de votre Père sont pour vous un sujet d'honneur, laissez-moi vous dire respectueusement (et je suis heureux de m'acquitter de cet acte de justice) qu'à votre tour vous faites honneur à votre Père par des vertus que tous les cœurs impartiaux et honnêtes reconnaissent et admirent, par votre esprit religieux, par votre apostolat, par votre labeur de chaque jour, par votre patriotisme chrétien, par votre dévouement sans bornes aux intérêts de l'Eglise et de la patrie française.

Je veux donc, en terminant, vous dire merci. Oui, merci au nom de l'Eglise que vous secondez avec tant de zèle dans son œuvre d'enseignement et de salut!

Merci, au nom du clergé des paroisses, dont vous êtes les excellents et précieux auxiliaires.

Merci au nom de la patrie, dont vous êtes les serviteurs humbles et obscurs, il est vrai, mais non pas les moins utiles ni les moins dévoués ; de la patrie que vous savez servir quelquefois aux jours de nos grands désastres et de nos grands deuils, comme en 1870, soit en secourant les blessés du champ de bataille, soit en mêlant le sang des vôtres à celui de nos braves soldats!

Merci au nom des nombreuses familles dont vous élevez les enfants, selon tout le beau sens que comporte ce mot, dans la science, dans la religion, dans le devoir et dans la vertu !

Merci au nom de ces jeunes générations dont vous faites, par vos leçons et par vos exemples, l'honneur du présent et l'espoir de l'avenir !

Merci, enfin, au nom de tous nos compatriotes, dont vous êtes si véritablement les frères, les frères pleins d'affection et de cordial dévouement !

Si peut-être vos services sont méconnus de quelques-uns, si vos bienfaits ne recueillent parfois que la haine et l'ingratitude, allez ! et poursuivez quand même votre noble tâche, sans vous laisser arrêter ni par les injustices, ni par les épreuves, ni par les calomnies ! allez, et soyez toujours ce que vous avez été, actifs, zélés, persévérants ! Soyez, en un mot, les dignes fils de Jean-Baptiste de la Salle, du héros de l'abnégation et du sacrifice, et, comme lui, vous aurez bien mérité de Dieu et de la société, de l'Eglise et de la France !......

POITIERS. — TYPOGRAPHIE OUDIN.

www.ingramcontent.com/pod-product-compliance
Ingram Content Group UK Ltd.
Pitfield, Milton Keynes, MK11 3LW, UK
UKHW020228180726
13838UKWH00005B/2262

9 782329 321189